这就是

许 魏洲

魏
洲许

浙江文艺出版社
Zhejiang Literature & Art Publishing House

THIS
IS
TIMMY

这是一本与最真实的自我对话的书。

在这里，你可以看到生活中的许魏洲，他不光鲜亮丽，也不故作成熟，一切都是年轻且普通的模样。跟你我一样，他有青春的迷茫、年少的轻狂，也有对梦想的坚持和对未来的渴望。他用最朴素的句子，记录了自己的成长和变化，也用最诚恳的态度，面对发生的和正在发生的一切。他说："作自己喜欢的曲，唱自己喜欢的歌，走自己喜欢的路，成为自己喜欢的样子，这就是我。"

Almond
Breeze

Supreme

Supreme
JOYRICH

01 亲情

趁一切还来得及

我们谁都不知道，意外和惊喜哪一个先来。
唯有抓紧时间，做一切能做的事，爱所有亲爱的人，才不辜负人生。

我从小和外婆一起生活，跟她感情很深。

家人之间的情感和牵绊的种子就是从小种下的，它埋在土里，一点点地生长和发芽。

当时父母工作都忙，他们为了我上学方便，就把我放在外婆家。跟我一起的还有大姨家的表姐和小姨家的表弟。虽然我是独生子女，但成长的环境并不孤单。我们周一到周五住在外婆家，周六、周日回自己家。我一直觉得这样的生活特别自然，从没想过自己为什么跟其他同学不一样。

我小时候很调皮，喜欢欺负比我小一岁的表弟。他长得像外国人，眼睛很大，头发微卷，整天像个跟屁虫一样跟在我身后。那时候，我觉得日子很长，长到不知道以后会长大。等到我们都上小学后，我才慢慢懂得照顾表弟，懂得一个哥哥的担当和责任，在他受欺负时要保护他。

而表姐是典型的白羊座，有时候仗着年龄大偶尔会“欺负”我们，我比表弟机灵一些，从不会轻易让她得逞，几个人斗智斗勇，在长辈们的呵护下生活还挺有意思的。

他们比我搬走的早，刚读小学，他们就搬走了。我在外公去世后，一直陪着外婆住到初中毕业。

外公去世那天，我醒得很早。六七点钟就从床上爬起来，要去上幼儿园。他一直坐在客厅的沙发上，我跑过去喊他“外公，外公”，但他并不说话，只摆摆手，意思是让我再睡会儿。后来我才知道，外

公是突发脑溢血，在等120的急救车。

那是外公最后一次跟我说话，等我从幼儿园回来，他已经不在了。

当时的我太小了，还什么都不懂，生活中就失去了一个重要的亲人。他突然地离开，再也不能呼吸和看着我。我第一次清晰地感知到生与死。

我害怕这看不见也摸不着的距离。

初中时，外婆生了一场重病，要动手术，医院下了病危通知书。有一瞬，我好像突然长大了，很怕她像外公那样离开我。她把我带大，给了我太多无微不至的照顾，而现在，我什么都做不了。那种无力感，让我觉得异常沉重。

好在外婆的手术很成功。在她住院后的一天，我放学回家，在楼道里闻到油烟味，心里想着是不是外婆回来了，脚下的步子都轻快许多。推开门，果然是外婆在烧饭，我一下子又难过起来。她大病初愈，头发一下子全白了，就算有大姨陪着，还是显得特别辛苦。我当时就觉得，一定要好好陪着她，照顾她。

成长总是令人猝不及防，其间伴随着亲人的老去和时光的流逝。我能想象跟外婆住在一起的日子有多么可贵，也开始特别珍惜这些时间。

那时候，我已经意识到，和外婆一起生活，不仅仅是她照顾我，我也应该照顾她。

考大学的时候，外婆曾问过我："怎么不留在上海？"

我跟所有想要考一所好大学的普通高中生一样，说："在上海只能念个二本，但我去北京可以读一本。"

她眼神明亮，很了然的模样："那你去吧。"

我想，她很希望自己疼爱的外孙留在身边，但她不愿意因此牵绊他的前途。所以，她从未多说过什么。

到北京之后，我和外婆隔了一千二百多公里，而且，学业很忙，只能常常打电话给她。大一寒假，我回上海看她，发现我住过的那个房间一直留着。书柜、书桌，都是原本的布置。外婆会每天打扫，认真铺床。

我问她："怎么不收拾起来，还保持跟原本一样？"

她说："习惯了，想你的时候，看一看就不想了。"

我眼眶微热，有点怕她看到，故意转过头，平复了一下心情。

我们一家人都不擅长表达情感。外婆从未跟我说过："弟弟，外婆爱你。"但我能感受到她的爱，"弟弟"是家里人对我的昵称。

我也没有用这样"柔软"的语言表达过自己的感情，更多时候我选择安静地陪着她，听她讲街坊邻居的事情。可能我们都知道，语言再美再柔软，也比不上心尖上那点在意。

后来，无论多么忙碌、奔波，我都会抽出时间陪伴外婆，这是我们无声的约定。

亚洲巡回演唱会上海站时，我希望外婆可以到现场看表演。但那时候，爸妈跟我说，她身体可能吃不消，没有办法过去。我一边可惜，一边理解。每次跟她打电话的时候，都会告诉她要好好照顾自己。

演唱会现场，导演组播了一段外婆的视频。她还是老样子，瘦瘦的，短发，看起来精神不错。外婆说她感到骄傲，让我好好吃饭。台上的我，背对着观众站了很久，过了一会儿转过身，拿着话筒，却一个字都说不出来。

在我以为视频播完的时候，画面突然切换到了台下，外婆坐在下面，笑着看我。她看到自己出现在大屏幕上，略微有点害羞。

我的内心涌起一种感动，跟外婆用上海话聊起天，问她我是不是唱得还可以。我知道，她为我感到自豪。

在她眼中，不管我在哪里，有怎样的成就，我都是那个没长大的孩子。

而我很庆幸，这一切都来得及。

ALIEN
RESEARCH CENTER

REA-51

SNOOPERS
WELCOME
AREA 51

YELLOW

YELLOW

Love's
POWER RAM

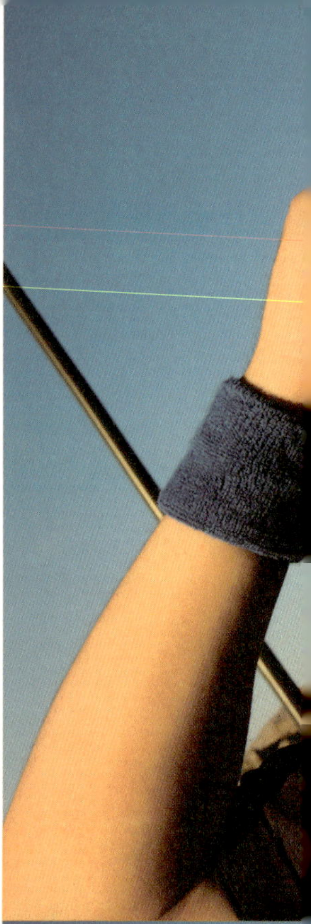

Coca-Cola

Loves
Travel Stops &
Country Stores

Love's
Love's
Love's
Love's
Love's
ICE

Love's

01 亲情

外婆的黑色巧克力

我和外婆的感情，像树的年轮，随着时间一圈一圈地增加。
小时候，我习惯于被她照顾，长大后，我很珍惜她的照顾。

外婆很宠我，这带给我很多自信。我从小就觉得自己跟别人不一样。慢慢长大后，我又发现谁都一样。

有时候别人家送了喜糖、点心，她不会吃，而是收起来拿给我，尤其是巧克力，她一定会留给我。并不是所有巧克力都好吃，但我从不拒绝，每次都开心地吃完，因为我知道这是她的心意。

我因为外婆，学会了珍惜。

每次回上海，她都像在我小时候一样，给我倒蜂蜜水，并把最好的东西留给我。可能在她眼里，照顾自己的外孙是理所当然的事，可我逐渐体会出了这份爱的重量和滋味。

外婆的家在一楼，两室一厅，门外还有一处小院子。我在那里住了许多年。

上海的夏天闷热，但外婆生性节俭，不爱用空调，总是把电扇开最小挡，拿一把蒲扇坐在院子里乘凉，另一只手里握着一块手绢，出了汗就利落地擦一擦。我从小跟她生活在一起，会潜移默化地被她影响，之前也有用手绢的习惯，后来才慢慢不用。

外婆对我的影响很大，印象最深的有两个，一个就是节约，这已经成了她融入骨血的习惯；另一个是特别怕给别人添麻烦，这是我们家里人的共识。

外婆的勤俭，跟她出生的年代有关。在她的观念里，浪费是作恶，这一点不容置喙。

一楼的楼道很暗，她每次去厕所，总是开一下灯，用过后马上关掉。我年纪小不太在意，有时会忘掉。她就不厌其烦地提醒我："快去关掉，别浪费电。"

用水也是一样，能省则省。我深受外婆的影响，就算被爸妈接回家后，还坚持随手关灯的习惯，即使有些情况是不用关的。这么做的次数多了，我妈还认真说过："这是节能灯，不要一会儿开一会儿关，那样更容易坏，开着才更节能省电。"我回忆起来，觉得还是挺有趣的。

而且，外婆从小就教育我，自己能解决的事情就自己处理，每个人活着都有应该做的事。我时刻记着这句话，只要感觉到给对方造成了麻烦，会立刻调整。刚出道时，我一个人开车做活动，无论什么事都亲力亲为，到后来忙不过来，才请了助理和经纪人。刚有人帮忙时，还很不适应。这些都是外婆不知道的。

我很感谢她的教导，一言一行，一举一动，都影响着现在的我。

外婆的脾气很犟，现在年纪大了，稍微改变了些，但偶尔还是令人觉得可爱又头疼。前段时间，她眼睛白内障手术完之后，医生建议她戴墨镜，不要接触强光。小姨和大姨去家里看她，发现她根本没有戴，完全由着自己的性子来。

但她也觉得有点不好意思，就让大姨给她拍了一张戴眼镜的照片发到家庭群里，告诉大家，她听了医嘱。我性格并没有外婆那么犟，但我是一个坚持自己认为对的事情的人。

每当挣扎、困惑、委屈、低落时，我都会想起外婆，想起她递给我的巧克力，吃完，继续向前，继续奔跑。

我希望一切都慢一点，让我们有足够的时间相处、守护和去爱。

SPALDING

SPALDING

TOP

02 青春和友情

好友情自带向上的力量

吴双比我高一级，但我从没有这种感觉。
总觉得整个高中都充满了他的身影，搞怪，饭量大，贝斯弹得很烂。但记忆里的另一个他，善良、有趣，也很仗义。

生活中，我就是个普通人，跟舞台上并不一样。舞台上需要展示出明星的魅力，不管是唱歌还是跳舞，都得神采飞扬。但我私底下挺放松，跟朋友一起吃饭、喝酒、聊天，没有艺人的包袱。

回忆起来，我的高中生活要比初中开心很多，几个要好的朋友一起打游戏、做乐队，就是单纯地快乐。而且认识吴双的人都知道，他是一个多么有意思的人。

我觉得能认识他是一件很棒的事。

如果一定要形容一下吴双的话，大概可以说他是一个能吃、能喝的人。

他饭量很大，记得我们高中放学后总会去一个叫“的哥”的地方吃饭。餐厅的名字并不叫“的哥”，是因为每到饭点，这里门口、路边就会停满出租车，很多的哥来吃饭。因为他们都知道这家的饭菜量大、好吃、划算。“的哥”的餐具都很大，一盘盖浇饭的分量足足有旁人家两份那么多。大碗像小盆，朴素厚道。

我喜欢跟吴双他们一起去吃饭，但外婆和我妈一直跟我说“别在外面吃东西，放学回家吃饭”，所以我晚上还要回家吃一顿。

但相对回家吃饭而言，哪有跟小伙伴一起吃有意思。而且我们都是高中生，正在长身体，上了一天课，还没放学就已经饿得前胸贴后背了。我特别享受最饿时吃到的第一口饭，特别香。

但由于晚上还要回家吃饭，几乎每次在“的哥”吃饭，都会剩下一些。每当我和另外的同学吃不完，吴双就会把我们的饭或面端过去，一边吃一边对我们说：“不要浪费啊，吃啊，明明这么好吃！”

另一个同学可能会说：“是好吃啊，你多吃一点。”

有时候我真的特别惊讶，他的胃口怎么能那么好，就像一个神奇的口袋，能装下所有的食物。不过我从未问过这个问题，总怕一开口，神奇的魔法就消失了。

还有一次，有同学家里新开了个藏族餐厅，邀请我们去玩。几个人觉得新鲜，趁周末的时间跑去品尝美食。但现在想来，食物的味道已经模糊了，回忆里只剩下青稞酒的滋味。

那是我第一次喝醉，或者说知道了醉是怎样难受的感觉。之后我再没喝过那么多酒，总觉得做什么都要有个度，也算是少年到成人的一个分界点。

青稞酒的酒味微甜，有点喝饮料的感觉，我们几个人都没有当回事。我们都跟家长打过招呼，都快要成年了，喝酒的事他们并不干涉。每个人都喝了不少，围坐在桌子边的人都开始手舞足蹈起来，最后只剩下三个人勉强撑着，其中一个是吴双，一个是我。

大家都陆续回了家，我们两个人歪歪扭扭地走出餐厅，还不小心碰掉了旁边水果摊上的柚子。中年摊主脾气不错，没有为难我们。

两个人特别傻气地在马路上走，整个世界摇摇欲坠。当时路边冲出一辆车，差点撞到我。好在车主紧急踩了刹车，车上下来两个气势汹汹的男人。他们骂着人，作势要打我。当时我很想反击，但醉得浑身无力，抬手都很费劲。吴双几步跑过去一下子抱住对方，息事宁人地说："算啦，算啦，他喝多了。"

可能那两个人也不想把事情闹大，看到我还有一个"清醒"的朋友，就没多说什么。他们走后，我和吴双坐在马路边商量怎么回家。

他问："你怎么回去？"

"我坐出租车走。你呢？"

"高架上跑回去。"

那天我真不知道他如何回家的，只记得他把我送上车后挥着手走了。

第二天，他很开心地跑来问我感觉怎么样。

吴双就是这样的人，脸皮厚，脾气好，我跟他吵架都吵不起来。有时候两个人一起打《英雄联盟》，他打得巨烂，我挑剔两句，他就摊手说："怪我喽。"表情无辜，非常欠打，但我那时都已笑出声来。

sa DR 3800
OP
sa DR 3800
OP
one Mesa DR 3800
STOP

NO OUTLET
Monarch CT 9000
S Lone Mesa DR 3800
STOP

NO OUTLET
W Royal Monarch CT
9000
STOP

popeyes

SKY

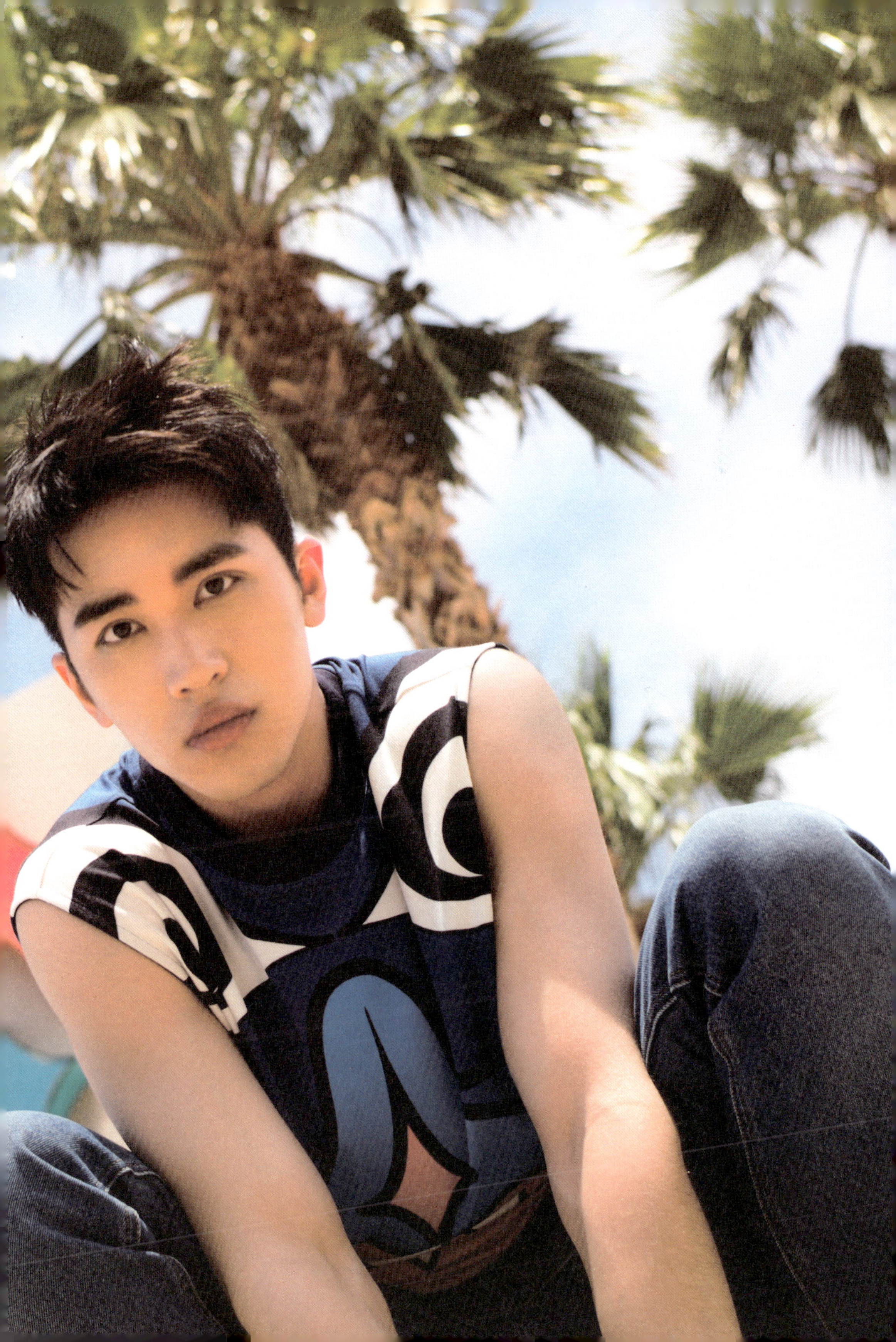

NATIONAL
RENT-A-FENCE

02 青春和友情

热爱比爱多一点

十几岁的时候，你在干吗？

我找到了自己最喜欢的事情。

忙着写歌、谱曲、练吉他，忙着投入、执着、努力向前。

碰触

从曼谷回北京的飞机上，我已经知道了下一场上海站演出的安排。看着舷窗外的天空出神，仔细回味上一场演唱会带来的感受。华丽的舞台，闪烁的灯光，节奏感强烈的音乐以及粉丝巨大的欢呼声，都深深印刻在我的脑海中。等结束上海的演出，这一次的世界巡回演唱会就真正结束了。不知道是因为在飞行的缘故，还是我真的陷入了一种恍惚，总感觉这一切有些不真实。看着旁边闭目养神的伙伴，思绪又被拉回了当下。

我感谢过去、音乐和自己遇见的每一个人。

十几岁时做乐队，很酷，很有趣，但不伟大、神圣。它对我最直接的影响是找到了一群志同道合的朋友。

音乐把我们凑在一起，做了一件想做的事，并恰好做成了。

我的同龄人中，会一两件乐器的很多。我高中在上海戏剧学院附属中学读书，里面有很多爱音乐的学生，其中也有一些跟我一样喜欢摇滚的。

我已经忘记了乐队成立的具体时间，只记得每个人加入时的欣喜。贝斯手吴双是我的好朋友，他贝斯弹得并不好，我经常吐槽这一点："乐队应该设一个俯卧撑手，演出的时候，你就变着花样做俯卧撑。"他从不反驳，笑嘻嘻地说一些不痛不痒的话，丝毫不会介意。

吴双热衷搞怪，我们的第一个乐队叫 Eggache。他本人也是乐队的吉祥物、开心果，能给我们带来很多快乐。我总爱"欺负"他。

除了吉他手、贝斯手，一个完整的乐队还需要鼓手和主唱，后来我在自己班里找到了两个合适的人。

作为队长，在刚组建乐队的时候，我就跟另外几个人说过，Eggache 是摇滚乐队，不做流行、小清新的音乐。我很喜欢 Linkin Park。刚组队时，会翻唱这些前辈的歌，比如 Bon Jovi 的 *It's My Life* ,Sum 41 的 *The Hell Song*。等我们经过磨合，更成熟稳定后，也会唱一些自己写的歌。

Eggache 乐队的名字很搞笑，但我们做事的态度很认真。有时候想，大概就是那时感受到了音乐带来的快乐。在许多孩子正准备高考的时候，我们背着乐器，怀着忐忑，登上了舞台。

那时候的紧张，无法用"台下都是大萝卜"的心理暗示来缓解。唯一比较欣慰的就是，我不是一个人在台上，而是跟朝夕相处的小伙伴儿一起演出。每一个旋律，每一个鼓点，每一句歌词，都再熟悉不过。演出真正开始后，会自然地想起练习的情景。整个人的状态像滑入轨道一样，正常运行起来。

追逐

后来机缘巧合下，在一次演出中认识了很多厉害的同龄乐手，他们中有些人成了我后来乐队的成员。印象里没有人多说过什么，我们更像是一拍即合，组了一个全新的旋律死亡金属乐队 Prome。为什么要做旋律死亡金属呢？没为什么，因为够酷，够躁，够爽。

取乐队名字时，我想有一个好点的寓意，恢宏大气一些。最后从神话故事中得了灵感。普罗米修斯是一个给人类带去火种的人，那我们的乐队是不是也能如此，用音乐给更多人的生活带去触动？

但 Prometheus 这个单词太长了，我做了缩减，改成了 Prome。

我继续担任主音吉他手，负责创作。哲宇是新加入的节奏吉他手，和我拜师于同一位老师，上海有名的吉他手胡迪舟。此外，哲宇是一位血气方刚的摇滚少年。吴双继续担任贝斯手，同时他也拜师于胡老师，在搞笑担当的同时，也拿出了音乐上的担当。新加入的女生，键盘手沈夏昕，也就是一儿，来自复旦大学附中的高才生，作为学霸的她也是乐队里乐理最好的，后来去了伯克利留学。还有主唱甲鱼，一个非常个性，热爱重型音乐的长发青年。最后还有鼓技精湛，双踩水平超越同龄人许多的鼓手范鸿轩。

作为学生，没有太多钱，只能凑零花钱租便宜的排练室，很简陋，没有空调，夏天热得男生光着膀子练习。但因为热爱，并没有人觉得难以忍受。

在确定了音乐风格后，我们一直尝试做点有价值的音乐，慢慢也在上海的地下音乐圈有了名气。很多人都说，Prome 的成员虽然年纪小，但表演很专业。这也是我们为之欣慰且奋斗的最大鼓励。

我们几个人一起参加过三四次比较大型的比赛，沈夏昕对这种事记得比我清楚。她说："每次比赛前，你都努力到最后一秒。不是改谱子，就是想旋律。虽然演出的时候还是无法避免出问题，但整个过程很开心。"

我并没有意识到这一点，觉得这是非常平常的事。"比同龄男生淡定、沉得住气"这种评价，我也没什么概念。大概音乐带给我的影响，有很多是我没有注意到的。

而最让我感动的是，沈夏昕从国外回来时说的一段话，她说："一个人在外面读书，挺苦的，我经常想起几个人练习的事，帮我挺过了很多快要撑不下去的瞬间。"

真正用心做过的事，都会给你一些好的反馈。有时候生活就是如此简单、纯粹，花费精力去做最喜欢的事，哪怕是下棋、绘画、游泳、散步，都谈不上浪费。

这是用在自己身上的必要付出，能沉淀出幸福和快乐。

如果用一个可以作为句号的事情做结尾，那就是后来我们自己办了一场属于自己的音乐节，这令 Prome 收获了更多肯定。

它意味着一种光环吧，很酷，很开心。

感受

上海演唱会时，导演联系一起玩乐队的小伙伴拍了一个 VCR，其中哲宇讲了一件当时的小事，把我一下子拉到回忆里。

那是一次跨年夜，我们乐队刚结束一个演出，看到有人卖孔明灯，就停下来，拼钞票买了几个。大家在上面写愿望，而我写的是"让我们乐队在八万人体育馆开演唱会"。

当时他觉得不可思议，问："为什么这么执着？"

我的回答很简单："因为做乐队是我们的梦想啊，想要坚持下去。"

而真正实现这个梦想时，我早已忘了那盏飞到空中的孔明灯。

或许我的经历并没有什么不同，跟许多人一样，只是对某件事足够热爱，坚持练习，坚持学习，坚持提高自己。我很感谢做乐队的经历，无比地热爱过，执着地相信过，对生活怀着巨大的眷恋和爱，让每一天都充满新鲜感。

我从没有想过乐队解散这件事。哪怕后来，我去了北京读书，吴双留在上海，其他人也找到了各自的方向，但我们从未说过"解散"两个字，一年、两年、三年过后，才恍然察觉时间过得那么快。

有时候会想，如果没有年少时的积累，可能会对舞台更陌生。站在万人面前唱出自己声音的感觉，都在那时有了类似的体验，不会像第一次登场那样紧张。而且在得知能够继续唱歌的时候，我感受到一种久违的振奋。

LOS ANGELES
FRAGMENTS

FRAGMENTS
PACIFIC
SANTA

PACIFIC PARK
YEARS

PARK

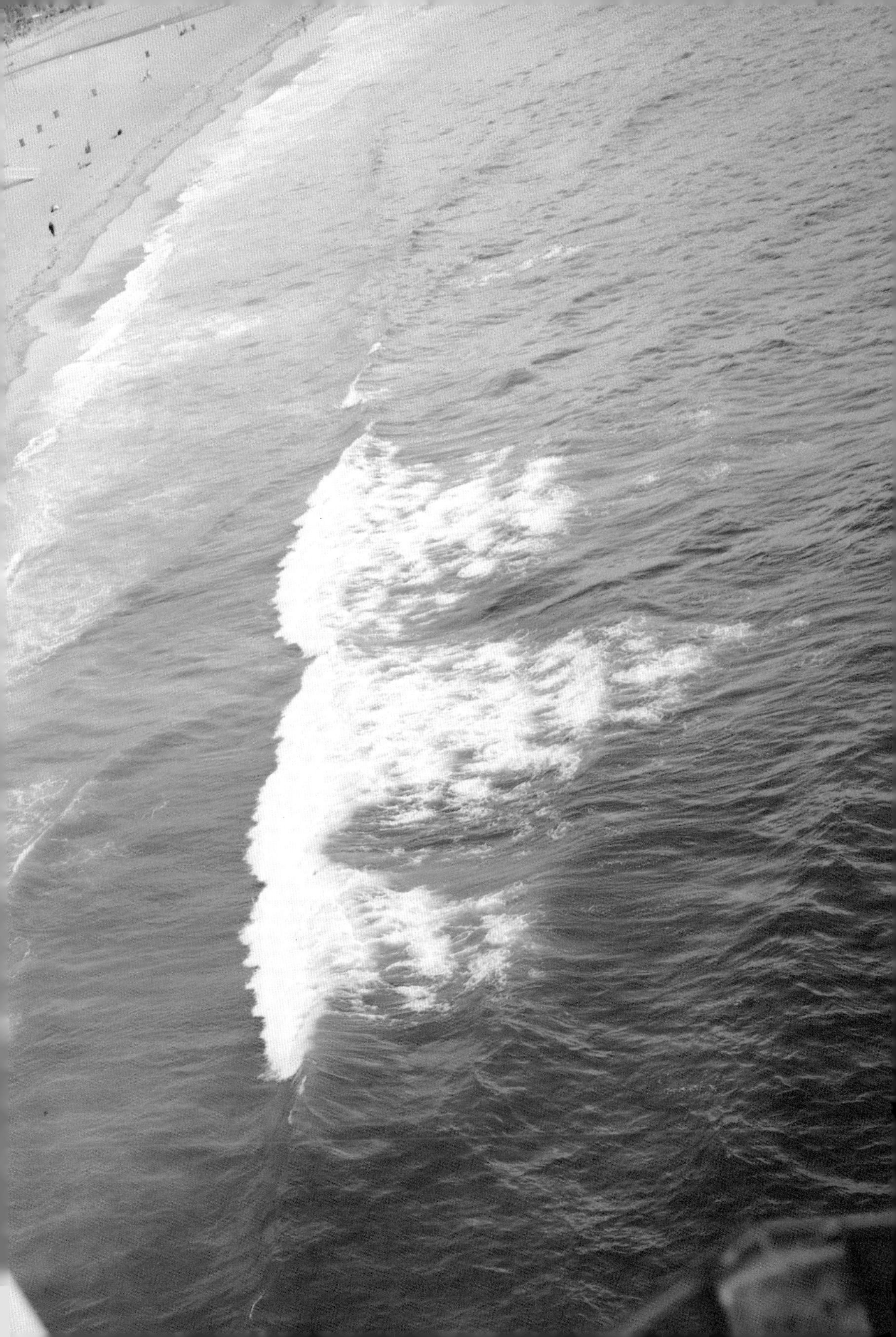

Pacific Park
TOP GLOW
$5.00
PER PLAYER
RULES
• 4 PLAYER MINIMUM
• SHOOT WATER INTO TARGET, FIRST PLAYER TO THE TOP WINS!
• WINNER WINS
RACK
8
9
10
11

Coca-Cola
Coca-Cola
POWERADE
POWERADE
POWERADE
A2
A3
A4
A5
A6
B2
B3
B4
B5
B6
B7
C2
C3
C4
C5
C6

CALORIES COUNT
OTOS
Souvenir!
NIA

02 青春和友情

别人可以否定你，但自己不要否定自己

这是一个平等、自由的世界。
不该被别人的主观看法束缚。
挣脱不是叛逆，是思考和成长。
我一直坚信这点，并在斗智斗勇里，学会了如何做自己。

我对教师这个职业充满了崇敬，而且很感谢那些一路教授我知识、帮助我成长的老师。

只是我从小就不太讨他们喜欢，几乎每个班主任都很不喜欢我。可能我太调皮了，在他们眼里净惹事儿，跟听话的孩子相比不好管教。但天性使然，大多数男孩子都活泼好动，我不算特例。

小学时成绩好，老师无法多说什么；等进了初中的提高班，成绩有点下降，老师们就放开了手脚，开始严厉地管教我了。其中有一个老师对我影响很大，记得他教数学。

那时候，他经常对我说："你就会扭扭屁股跳跳舞，不好好学习，只能读中专、职校。"

我从小学拉丁舞，经常参加学校的活动和演出，的确数学成绩不够好，但这在他眼中就成了只会"搞点虚的"。对一个十几岁的小孩来说，这些话的分量很重，似乎是在给我的未来"判刑"。我是一个报喜不报忧的人，被老师这样训斥也没告诉家里人，总觉得跟他们说了也没有办法解决，自己撑着就好。有时也会把这些话当作一个茶余饭后的笑话讲给朋友们听，但大家都笑一笑就过去了。

当时我很气愤，想着一定要争口气，考个高中给他看看，后来考到了重点高中——上海戏剧学院附属中学，对我接下来的人生有着很大的推动作用。

假如有人正处在这个阶段，经历着别人的否定和忽视，我希望能带给他一些力量。面对别人的质疑和困惑时，要找到自己的一个专长，去确认并认可自己的能力，一定不要活得被动。我们的人生不由别人的标准衡量，好好做自己，不要轻易否定自己。以我个人的经历而言，这样活着会更快乐一些。

另外，成长并不是单纯地学习知识，还有一些性格方面的培养。

我属于爱折腾的人，不爱待在同一个地方，所以初中时从宝山区考到了静安区，读大学时又从上海跑去了北京。

这可能不仅仅是新鲜和有趣，带给我的更多是思维的转变。当我离开固定的小圈子后，发现学校并没有想象中那么枯燥和无聊。

高中的这些同学，不再为了念书而念书，都有自己的兴趣爱好，喜欢读书的人会主动选择读书，喜欢打篮球的人就跑去打篮球，喜欢音乐的人聚在一起玩音乐。每个人都不同，每个人都活得很好。

当然，家长和老师都希望我们能好好学习，别贪玩，自己也能隐隐约约地知道以后需要考大学，但在这个问题上，并没有被严格限制，大家还是保留着一点点小倔强。那种状态挺好的，没有完全消耗掉自我和个性。

在很多事情上，我会有自己的想法，不希望完全为了其他人而活。做自己这件事，不会因为时间、地点的变化而产生动摇。

可能因为从小外婆带我，很宠我，许多事情她都由着我做主，久而久之有了自己对事物的看法和主见，即便是在集体生活中，也不会随波逐流。在这个容易迷失自己的大环境下，这一点尤其可贵。

直到今天，不管我在做什么，都时刻告诫自己：认真做事，认真做自己。

这是一个追求个性和自我的时代，随波逐流和人云亦云并不有趣。但我绝不会刻意特立独行，不管怎样，人还是要活得自在、轻松、有趣、本真，遵从内心。

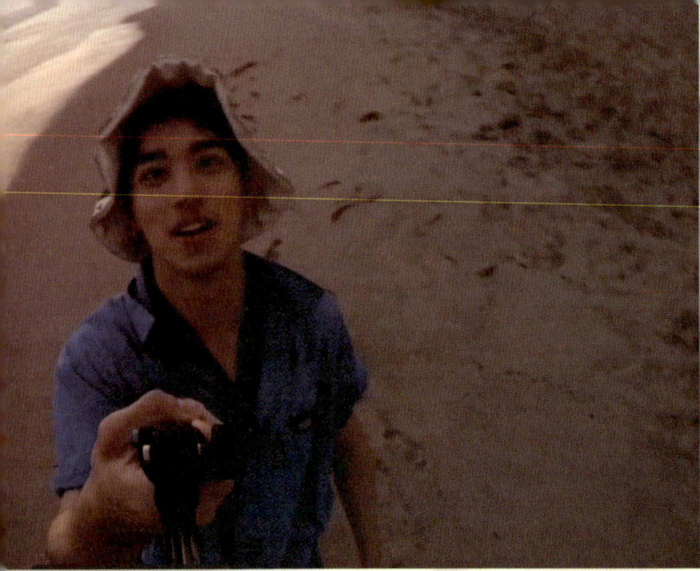

LIFEGUARD
OFF-DUTY
NO HAY SALVAVIDAS
TRABAJANDO
KEEP
El Cerdito
RUEDITAS

EMERGENCY ACCESS AREA

EMERGENCY ACCESS AREA

EMERGENCY ACCESS AREA

02 青春和友情

迷茫一直都在，我只想好好把握现在

二十几岁的人生，充满犹疑和不确定。
每个人都躲不过孤独的煎熬和青春的刀锋。
只有过好当下，砥砺前行，才能保持成长和清醒。

13 岁时，我学习吉他，以为 23 岁时我会成为一个地下摇滚乐队的吉他手，白天平淡如水，晚上热烈沸腾，日子可能很简单，但昨日可忆，未来可期。

23 岁，我早已大学毕业，不再玩乐队，依旧弹吉他，做了歌手，做了演员。

时间是一把快刀，斩断了读书时的青涩和懵懂。

我曾想过，假如大学时自己选择留在上海，应该会成为一个不错的吉他手吧。有些名气，但不会太出名。有些歌迷，但不会太多。衣食无忧，富足安逸。

但离开从小生长的地方，到北京读书，让我发现了生活更多的有趣之处。所以，人生没有什么选择是绝对正确或绝对错误的。只要你承担得起后果，就去尝试，就去做，不要瞻前顾后，也不要忐忑不安，最差不过从头再来。迷茫是一面镜子，它照出你慌张无措的样子，但只要伸出拳头打破它，就能冲出限制，拥有一片新天地。划破拳头的玻璃，的确锋利无比，会产生痛感，但这痛也真实得令人清醒。

我可能唯一不迷茫的地方，就是保持着一份对音乐的热爱。

很多人都没有找到真正喜欢的事，我的建议是多尝试，完成一个筛选过程。我喜欢吉他，是受我爸影响，他年轻时是爵士乐队的鼓手，家里有一套架子鼓和一把吉他。我耳濡目染，生出了兴趣。刚打算学吉他时，他问我："你真想学吗？别半途而废。"

我特别肯定地说："不会的，我真想学。"

可能很多人学乐器，会感到枯燥，但我每次都会定一个小目标，比如，一周学会一支曲子。只要学会了，我就很有成就感，到后来越弹越好。

在写这段话时，我很想感谢我的吉他老师。他是一个非常负责、尽职的人，给过我很多帮助。作为英语和日语翻译，他平时接触了许多西方文化，在音乐方面有丰富的积累，在跟他学习的过程中，我了解到摇滚乐的分类和不同乐队，喜欢上 Heavy Metal 与 Rock。我听过几百支乐队的曲子，最感谢的还是林肯公园。

音乐并不是孤立的。好的创作人或好的歌手，需要有充足的音乐素养，也是那时候，我清楚地意识到：只听摇滚的人做不好摇滚。

一个人要接触很多事物，才能确定自己到底最想做的是什么。不要局限自己。以为世界只有眼前那么大，所以才会每天在相同的环境里奔来奔去，没有成长，更谈不上进步。

我并非没有迷茫的时刻。在进入大学之后，我有很长一段时间没有继续做乐队。

刚去北京时，我联系过一支挺有名气的乐队，去做吉他手，但他们要求我有固定的时间排练、演出。可我是一个学生，根本没有办法做到巡演时跟着乐队东奔西跑。如果是校园乐队，我高中时已经做过，不能有新收获的话，我宁愿不做。所以，除了大学室友之外，很多人都不知道我会弹吉他。

摘掉了做乐队的光环，我成了一个普通的大学生。我也开始思考一开学时，辅导员给全体新生上心理课时提到的第一个问题：大学要做什么？

我跟大家一样困惑。高考是人生中重要的一段历程，很多人考过之后，就失去了目标。我也是如此，经过艺考等重重难关，进了中国戏曲学院。我用了三个月的时间，适应跟上海截然不同的生活环境和完全陌生的同学。

我考虑的不多，就是在自己没有更好选择的时候，决定把心思放在学业上。每天上课、学习、喝酒、撸串、打游戏，直到大三才有一些紧张感。那时候，我开始自己做决定，投简历，进组实习，为自己找更多机会。

那些机会现在看来，更像是一种沉淀和磨炼。沉淀着不够扎实的能力，磨炼着身上浓郁的学生气。

一脚踏入社会的人当然有，但绝大多数人都是慢慢适应、慢慢进入的。我所经历的可能是最典型也最实际的青春，充满了问题和困惑。

没有人不迷茫，它就像一双看不见的手，时时遮挡住大家朝前看的眼睛。挡住了一些光亮，也动摇着一些人的方向。可我一直鼓励着自己，脚下的路还在啊，只是看得不像原本那么远了而已。

迷茫的时候，就低下头，看看路，若足够坚实，就继续朝前走。

毕竟，走好脚下的每一步，人生缓行，再慢都能越走越远。

Chips

Crackers
Chips

Crackers

Walmart

Cracker Jack
Caramel
Kennedy

100 Calorie

Colby-Jack

Kennedy

2.89
Great
$ 2

Cheese Balls
Bolitas de Queso
Cheese Balls
Bolitas de Queso
utz
Baked Cheddar
Cheese Balls
Bolitas de Queso
utz
Baked Cheddar
Cheese Balls
Bolitas de Queso

Cheese Balls
Bolitas de Queso
NET WT/CONTENIDO NETO 28 oz (1 lb 12 oz) (793.8g)
utz
Baked Cheddar
Cheese Balls

02 青春和友情

我们说走就走的青春

人人都知道青春易逝，可几乎没人能抓得住。
所以，我想在能走时，随时奔赴远方；也想在能飞时，奋不顾身起航。
我不贪心，只想此时此刻，让自己逝去时间，得来经历。

我希望在还未遗忘之前，用文字记录下自己生活的痕迹。

大学生活对我来说，有着特别且重要的意义。

我们宿舍四个人，来自不同城市，性格各异。三人分别来自哈尔滨牡丹江、山东淄博、山西大同，还有来自上海的我。

大家都从不同的地方来，进入一个陌生而全新的环境。这个适应的过程，让我们都变得开阔、包容，不以过去对地域的刻板印象，去粗暴地衡量某个人。我大学时才开始真正的集体生活，像一种尝试。我很庆幸自己在大学能遇到这几个室友，大家相互磨合，彼此包容，让我对北京、对大学生活留下了许多美好的回忆。

每个人的习惯都不同，但生活在一起，需要体谅和包容。原本吃饭吧唧嘴的同学，开始知道这并不是吃饭香的证据；原本习惯大声放音乐的同学，会顾及他人感受，适时戴上耳机；原本不爱收拾桌面的同学，开始受到好的影响，至少不会影响他人。这个发现令我觉得有趣。

我们几个人，在留不住的青春里，有过鲜活真挚的回忆，不管是喝过的酒，还是唱过的歌，都流淌在各自的生命里。它扎了根，生长出了枝叶，当我想起时，如同有风吹过，发出沙沙沙的声响，回应着我，让人从心底透出一股暖意。

去泰山爬山的想法，像夏日突然落下的雨，毫无征兆，却势不可当。那天晚上，我们几个人在宿舍闲聊，聊起去哪里玩，忘了谁说了一句爬泰山，我们就立刻租了车，几个人回学校收拾东西。半夜十二点开始走，一路开到泰山。车里放着音乐，几个人随意聊着天，天光慢慢变亮，六点左右到泰山脚下。

我们看了日出，停车整顿，简单吃过早饭，就开始上山。泰山很高，大概爬了四个小时，我们都已经汗流浃背了，才爬到半山腰。山路很陡，抬眼看石阶似乎望不到尽头。看到缆车时，我喜出望外，招呼其他人一起坐缆车上山。

山顶比云都高，我们绕着观景台转了几圈，拍一些照，说几句话，总觉得日子轻快，一切都慢了起来。等到下山时，十八盘的台阶陡而险，天还下了雨，又走到半山腰时，我们坐了接驳车下山。几个人坐在最后一排，筋疲力尽，没有人再说一句话。等到司机喊我们，才发现其他乘客早已下车，而我们沉沉地睡了一路。

几个人笑着闹着，像兔子一样跳下车，跟司机说着谢谢和不好意思，肚子咕噜噜叫起来，立刻有了下一个目的地——餐馆。

这似乎是青春才有的模样，如此单纯、随性，像是蒲公英的种子，落到哪里就是哪里，不挑剔，也不畏惧。

后来，我们还曾乘绿皮火车从北京跑到呼和浩特，然后借用了同学家里的车，奔驰几百公里，去位于中国边界的二连浩特玩。二连浩特很小，半个小时就能绕城一周。我们开车过去，沿途没有路灯，望不到尽头的公路，路两旁是神态悠闲的牛羊，它们吃着草，偶尔走一段路。它们的“自由行”，反倒增加了我们行驶的难度。慢慢悠悠的牛羊，偶尔会走到公路上。

我去的第二天有些发烧，就没跟同伴们一起去内蒙古。我发现，二连浩特有许多破旧的212吉普车，内蒙古牌照，载满电器和粮油，像是吃饱的牛腹，鼓鼓囊囊的，行动迟缓。我看着它们，感受着当地人的生活。忽然觉得，就这么没有规划和攻略的行走也充满了惊喜。或许，生活之所以没有太多惊喜，是因为我们不愿偶遇。

工作之后，我因为经常参加活动，飞来飞去，国内国外去了很多地方。它依旧能增加体验和见识，但再也没有体会过跟大学同学出游的自由乐趣。

我想，大学时光多像踏入社会前的短暂喘息，周遭有充足的水、阳光和空气。它们免费而可贵，是生命赠予的厚礼。

现在的我，走着走着，就会想起过去的自己。

NASA
Kennedy Space Center
Florida

NASA

Vuitton

03 爱和梦想

爱是一道光

失明和贫困不是陷阱，何必避之不及呢？
在人生的道路上，他们走得跌跌撞撞，如你我一样。
我们可以用一个拥抱，换一个微笑；也可以用一次关爱，换一份接纳。

我有一个朋友是志愿者。他善良、有担当，是个非常可靠的人。

有次见面，我们闲聊近况，他说自己在帮助盲童群体，我从他那儿了解到盲童们的生活特别困难，于是开始考虑自己能不能为他们做点什么。出道前，自己的能力有限，无法帮助更多人；现在成年了，有了更多能力，遇到需要帮助的人我希望尽可能地伸出援手。

后来，我发起了光爱助盲公益基金，希望为弱势群体传递一份自己的力量，让更多人感受到生活的可贵，哪怕只比之前多一点。

因为我相信，只要足够用心，就一定会被更多人看到。深圳演唱会的时候，我们邀请了一些盲童来听，现场有关于他们的介绍，以期有更多的人通过这个平台来了解他们，我个人的力量很小，但如果通过我可以让更多人关注到弱势群体，加入公益活动，那汇聚起的力量就是巨大的。

这些公益活动中，最触动我的是 2016 年 22 岁生日的时候去云南山区支教那次。一开始，我就抱着期待的心情，有种莫名的兴奋，隐隐感觉到了这一天的不同。

那天天气很好，抬头可以看到湛蓝的天和大朵的云，非常适合出行。我们从昆明市区出发，沿山路行驶了两个多小时，路上我一直有点担心，不确定自己讲的内容孩子们能不能听懂，伴随着这点小担心，还迷迷糊糊地睡了一会儿。

到学校之后，有些意外。我想象中的学校，会有些简陋。但这个位于嵩明县的三转弯小学看起来挺新的。有教学楼，有操场，有升旗的小台子，可以说“麻雀虽小，五脏俱全”。不过学校的学生不多，一个年级一个班，许多孩子都是留守儿童，家人在外打工，同校的兄妹、姐弟很多。

我站在操场边上，看着那些年龄不一的小孩，能感觉到他们眼神里透露的好奇和拘谨。突然有些感叹，他们穿着不算好的衣服，戴一条红领巾，但眼神很纯真、明亮。

对这些孩子来说，一下子见到这么多陌生人，肯定很不适应，为了让他们放松，我找了个机会融入他们，跟他们一起做游戏。从老鹰捉小鸡开始，玩着玩着就熟了，不一会儿就能感觉到他们完全放松了。我猜，在他们的世界里，能一起玩游戏的都是自己人。

熟悉之后，我跟学校里的志愿者沟通，发现自己所能教授的课程很少，最后敲定了自己还算擅长的音乐。五年级有两个班，我带其中一个。

现在回想的话，发现第一次站在讲台上给孩子们上课的感觉很奇特，他们的眼神很纯净，有种不能辜负的感觉。

我把《月光》的歌词写在黑板上，一句一句地教他们。

独自走在路上
看着天上月亮
就想到了我和你
在那一天晚上
你就是那月亮
我就是那太阳
默默在你身后
给你温暖的光

在来之前，我和工作人员准备了一些零食和小礼物，正好用在了课堂上。他们每唱完一句，就可以得到一份好吃的。小孩子真的很好哄，一堂课下来，基本学会了《月光》。他们注意力集中的时间有限，临下课前已经有些按捺不住，但还是很努力地控制自己，真的非常可爱。

课间休息，他们跑到乒乓球台附近玩，那是个很简陋的乒乓球台，支撑的柱子是由一块块砖垒起来的，但他们依旧玩得不亦乐乎。可能跟城里的小孩相比，他们的学习、生活环境并没那么舒适，但他们那种发自内心的快乐，能够感染任何一个心地宽厚的人。

我看了一会儿，发现他们乒乓球打得还不赖，忍不住走过去说："咱们比一局？"但很快我就发现自己要输了，孩子们的实力不可小觑。

等到午饭时间，所有人都朝学校食堂涌去。不管几年级的孩子，都拿着一个像杯子一样的不锈钢碗，按秩序排队，等老师用勺子给他们打饭打菜。出了食堂就三五成群地走到操场上、篮球架旁边，一口饭配一口菜的慢慢地吃。我跑过去，跟他们坐在一起晒太阳。

几个高年级的小孩子，一边吃一边照顾自己的弟弟妹妹，像个小大人。几个孩子先吃完了并不会走，而是等一起吃饭的小伙伴，等大家都吃饱后结伴去洗碗。他们不管年龄多小，都独立清洗，不会让其他人代劳，很有责任感。

同在一片蓝天下，我被他们的快乐深深地感染，这是一群有爱的孩子，他们也值得拥有最好的爱！

这次支教跟我平时的工作完全不同，更像是一段教学相长的经历。我教小孩子唱歌、画画，他们教我感受生活的细微之美。这一份经历让我很庆幸自己有能力做这些事，也更坚定自己在公益这条路上所做的选择。

公益分享的是爱和善良，必须拥有才能分享。所以，我要积蓄着它们，把这份沉甸甸的礼物送给更多需要的人。

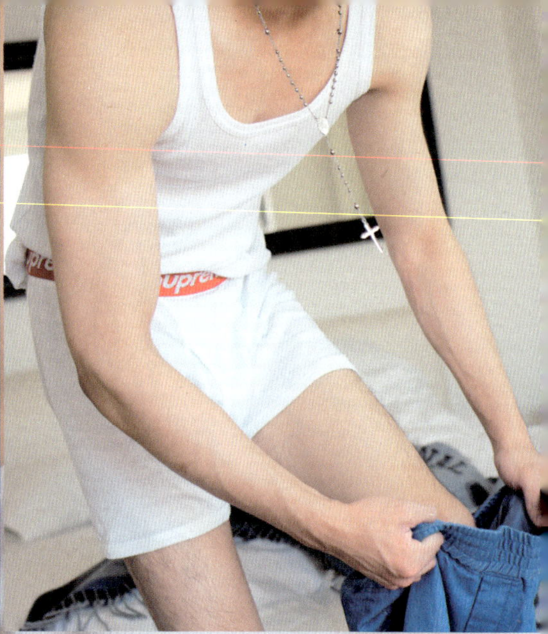
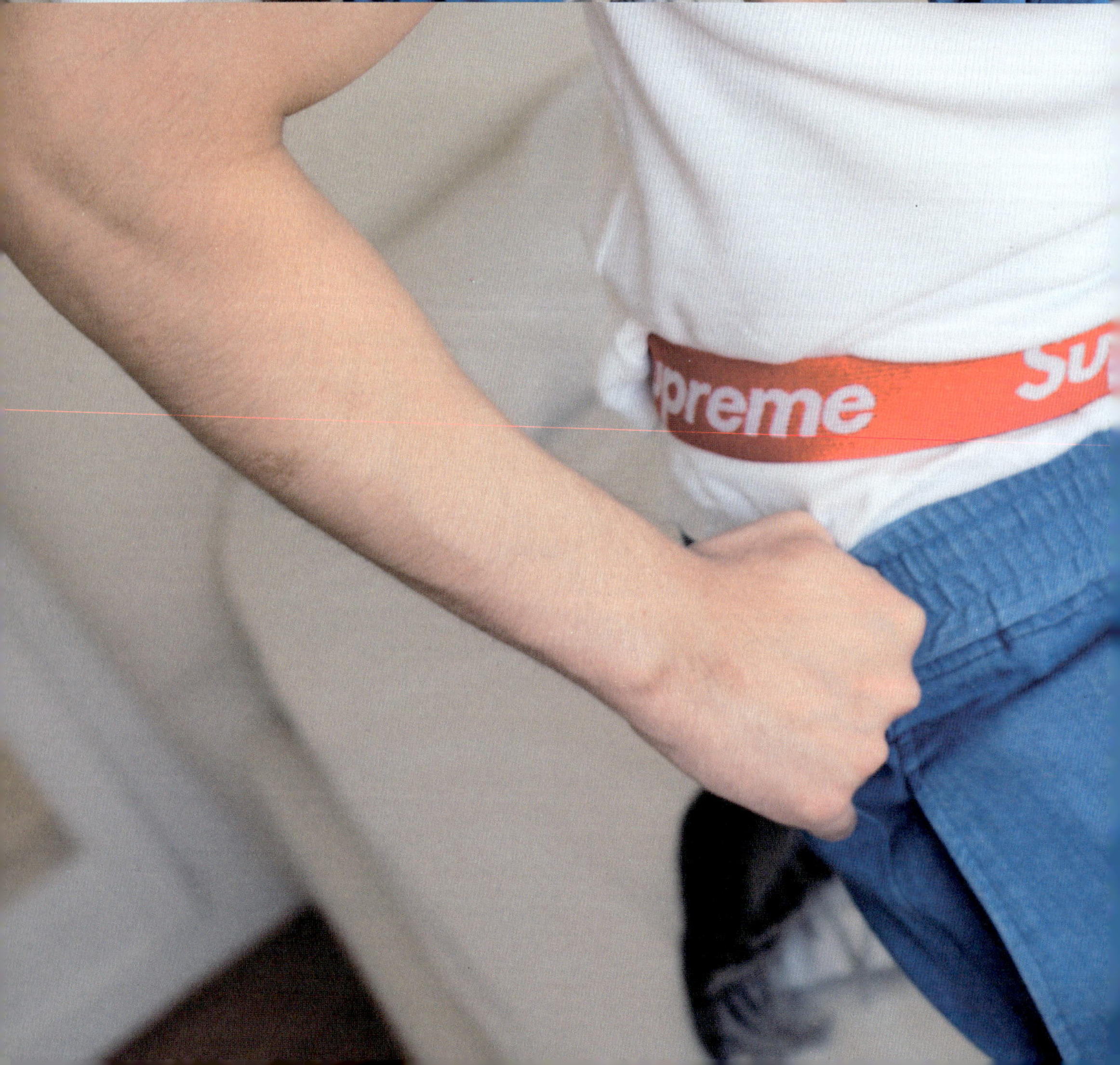

ART

Vuitton

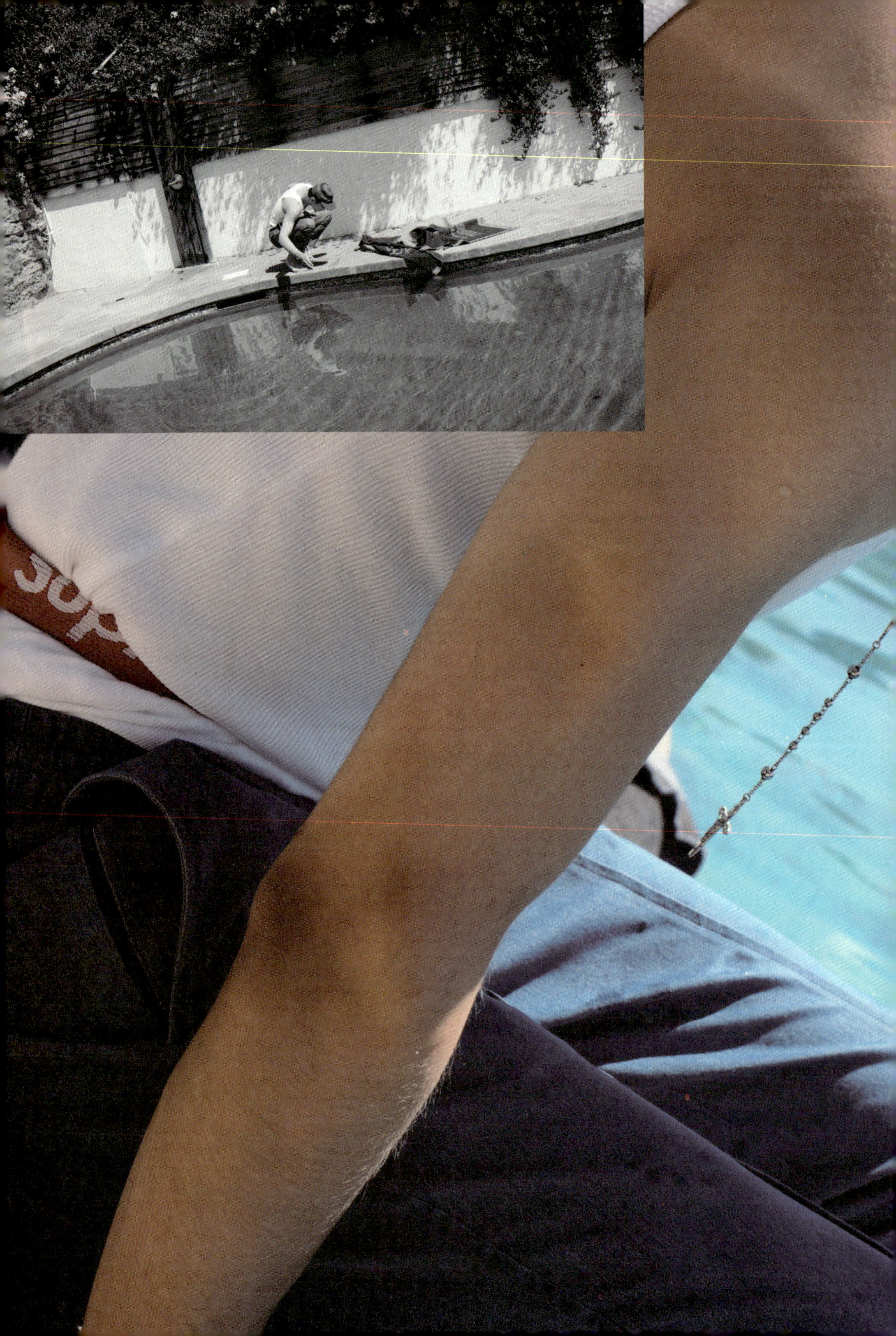

Supreme

Supreme

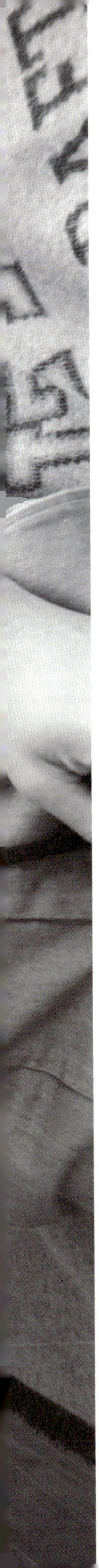

03 爱和梦想

用心敲开幸福的门

童心未泯的人身上流淌着一种纯真。
他们善良、美好，像一株向日葵。
我希望自己成为这样的人，用灿烂和开朗关爱更多人。

如果我有写日记的习惯，一定会好好记录 2016 年 10 月 22 日这天。当时在云南嵩明县的三转弯小学，真的特别开心，过了非常有意义的一天。

除了做音乐老师之外，我还当了一次美术老师。如果说做孩子们的音乐老师、陪他们一起玩耍，让我感受到他们的快乐和简单，那教小朋友画画则让我知道了他们的梦想和憧憬。

这堂课由我和志愿者一起负责，我画画很烂，主要做协助工作，比如教孩子们打开清洗画笔的简易布桶、给他们讲解如何在画布上作画、帮助他们描边或上色等等，都是一些零碎的小活儿。

跟普通美术课不同的是，这节课有个主题——希望孩子们把以后想做的事或职业画出来。可能“梦想”两个字对孩子们来说，有些抽象，但解释为想做的事后，他们陆陆续续地画了起来。

我对其中几幅画印象很深，比如一个小男孩，画了个特别形象的警察，说自己长大后想抓坏人；一个小女孩画了一条裙子，说长大了想当公主，非常可爱。

然后，一幅一幅的画慢慢完成了，格斗家、教师、宇航员、军人，每幅画都有一个具体的人物，它们被挂在一边晾干。我在一旁安静地看着，有种描述不清的感动。

对小孩子而言，他们并不知道“梦想”两个字到底意味着什么，但他们隐隐约约有了喜欢的职业和对未来的想象。不管他们想成为警察，还是教师，都值得肯定。

这堂课的意义就在于引导孩子们有关于“梦想”的意识，让他们知道每个人都有追逐梦想的权利。回忆起我自己小时候的样子，因为很早接触音乐，一心想着做乐队，希望成为想象中的自己。

说实话，我最怕自己好为人师。但真正做了一天代课老师后，发现在那个位置上必须教给孩子们一些道理。其中寻找和坚持梦想是我最想跟他们分享的。不管生活在哪里，怀抱怎样的梦想，只要下定了决心去追逐，总能找到一些方向，收获一些东西。

我很喜欢的一部电影《当幸福来敲门》中，有句很棒的台词：“如果你有梦想的话，就要去捍卫它。那些一事无成的人想告诉你你也成不了大器。如果你有理想的话，就要去努力实现。”在我自己的经历中，也有很多困难。但经过这么长时间的积累，我发觉任何困难最怕的是用心。

离开三转弯小学后，我在北京也积极参加了一些类似的公益活动，比如参与联合国儿童基金会在六一儿童节举办的活动，跟四川凉山州的小朋友做游戏。见到这些孩子的时候，我还想着，有机会要再去云南，看看那些懂事、乖巧的孩子。

我猜，他们一定长高了。

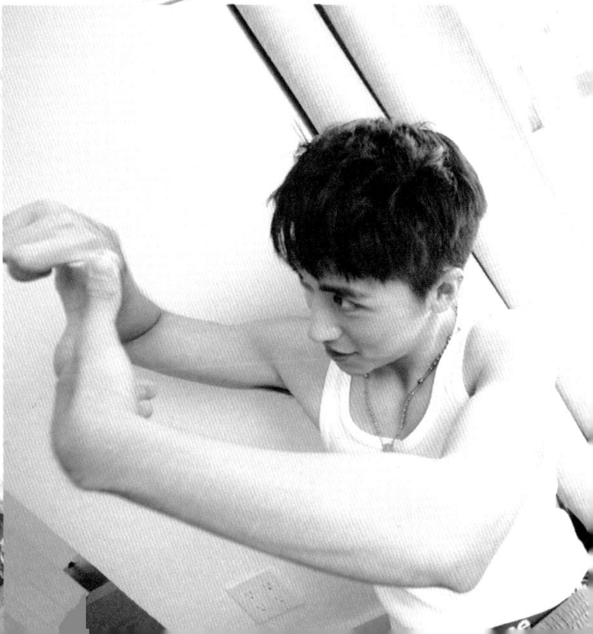

Sup

CUSTOMER
PARKING ONLY

CUSTOMER
PARKING ONLY

03 爱和梦想

年轻的我们更需要一颗强大的心脏

这个世界的法则就是，机会永远留给那个抓得住的人。
我们的热爱带来机会，但机会里夹带着残酷、真实。
年轻人，不受点挫折，根本无法获取应得的回报和具备将来需要的实力。

很多人觉得我幸运，我承认这一点，因为的确得到了机会的垂青。

我大学学表演，同学中间流传着一句话：毕业就失业。

这听起来有点戏谑，但对表演系的学生而言，它一下子戳中了我们的软肋。

我以自己的母校为荣，它是一所很好的大学。刚进大学的前两年，我过了一段很踏实的生活。老师要求我们用心充实自我，不要想太多其他的事情，提高专业能力，学习必要的知识最重要。我觉得有道理，听了他的话。所以，平时需要排练很多小品，忙着作业，忙着背台词。

当时也模模糊糊地猜想过，假如自己运气够好，能主演一部话剧，之后可以去中国国家话剧院或北京人民艺术剧院工作，活跃在话剧舞台上，关于成名，我们隐隐约约地希冀、渴望，但知道它有多遥远。

大三时候，我接了一部戏，是主演的角色，能赚钱又能学习，对我来说，一举两得。

演戏的时候，也没有想过它是不是能让自己一炮而红。可能内心还惦念着自己学生的身份，总觉得这像一种实习，这个过程就像重修一门课程，这个成长和磨合的过程，对学习专业知识有很大帮助。我对播出之后的轰动没有概念，觉得拍完就拍完吧，我安心回学校上课。但随之而来的一切都像过山车一样出乎意料。这一切发生得很快，我来不及思考。我刚要想一点事情，新的事情已经急匆匆地来了。

我站到人声鼎沸处，看到人和人关系的千万种碰撞。身边流动着各种职业、身份的人，他们带着工作来，又带着工作走，行色匆匆，像是在奔赴一场重要约会的途中。我身在其中，但没有动，感受着空气里的冲撞。

对我来说，这种体验说不上糟糕，可能更多的是一种对未知的不确定。我心里也会出现短暂的不安，但终归需要面对啊。

迎接未知最好的心态是坦然，是鼓起勇气。

其实，后来我再看这段经历的时候，我会生出一些感叹，觉得早早经历一些类似的事情不算坏事。它锤炼了我的承受能力，让我有强大的心脏去应对更多不知结果的事情。我们都知道，情绪这个东西，时好时坏，心态也是那样，它们只能通过调整，不能像伤口一样治愈。而且，很有意思的一点是，一个人的承受力需要锻炼，它像橡皮筋儿一样有弹性，反反复复，来的劲儿越大，它抻得越长，展现出的耐力也越强。所以，我想如果年轻时就有了一颗强大的心脏，那可能遇见很多事情时，就不会显得稚嫩和慌乱。

而且，好运气也需要有相应的承受能力，这种能力换句话说就是实力，不然，有时也会发生失控的情况。所以，我最想做的事，是提高自己，增益才能，担得起命运的眷顾和那些来自四面八方的喜欢。

无论如何，一切都是最好的安排。

CHEESE CORN

BEN&JERRY'S
BEN &JERRY'S
ERRY'S
GUESS

BEN &JERRY'S

JOE

03 爱和梦想

挫折还是转折，取决于心态

我羡慕拥有某种才华，一开始就走上巅峰的人。
但我不是那类人，所以，我更坚信付出越多，收获越多。
谁能说执着、笃定不是一种天赋呢？
一个普通人，可能无法改变世界，但能够坚持自己喜欢的事，
其实已经代表着一种人生态度了。

或许很多人都会遇到低谷吧，就是一种再怎么努力，事情的大方向也不由自己决定的时刻，那种时候会让人生出无力感。

有段时间，我过得很焦虑。焦虑到洗头发不能闭眼睛，如果闭上眼睛，会觉得旁边站了一个人。朋友们说我压力太大了，我自己也知道，但没办法。

我不出门，跟助理待在家里打游戏。除了用手机订外卖，其他时间不看任何信息。很多人以为我会消沉下去，但那段时间我想明白了很多事。最意外的收获是，竟然调整好了作息。以前每天忙着应对发生的事情，根本来不及按时休息，每天都要见很多人、处理很多事，但到底做了什么，又没有特别的记忆。那几天，我不用考虑那么多，就是吃饭、打游戏、睡觉，把所有不愉快的情绪都隔绝掉。

但这是不是也可以算作休整期呢？

一个人不可能永远处于高昂、加速的状态，总会疲惫，总会需要停一停看看路边的风景，总结一下走过的路沿途有哪些收获，或者跟路边相遇的人，随便聊点什么，让一直精神高度集中的自己得到一点放松。

所以，我有些庆幸，自己能够换一个速度，停下来倾倒一下压力，感受一下久违的松弛。

记得有人说过，一个人的成长是螺旋式的上升。螺旋是一种曲线，整体上升，但过程中会有下降。身处下降状态的时候，容易沮丧、彷徨、焦虑，似乎能感受到各种各样的坏情绪，但不会一直处于那个点的。人是行走和运动的。只要一直在努力，就会离开那个点，迈向下一个高地。

再后来，事情出现了转折。我也迎来了新的加速期。

当时的老板问我："你不是会做音乐吗？那就先出专辑吧。"

他说完，我愣了一下。我一直希望自己能站在舞台上唱歌，这个毋庸置疑。但说实话，对方突然提出时，我有一点点的忐忑，不知道自己能不能做好。

我性格里有一点"既来之则安之"的成分，有时会被动接受一些工作安排，但不会让自己陷入某种情绪不能自拔，调节过后，依旧积极面对。挫折总是暂时的，青春不能用来消沉，应该用来奋斗。在这个阶段我重新找到了一个新方向，出专辑、开巡演，做自己最擅长的事。

筹备第一张专辑 *Light* 时，一个月要准备七首歌的词曲，时间很紧张，专辑中有用高中时候的作品，里面都是我对音乐最初的想法和理解，在做第二张专辑的时候，我有了新的进步，同样把我坚持的音乐态度分享给大家，给喜欢自己的人一个交代。我可以很自信地说，这些歌拿得出手，对得起大家的喜爱。

我并非不喜欢第一张专辑，反而，很感谢它的出现和存在。对我而言，它有比呈现出作品更大的价值，像命运伸出的一只手，把我拉出了窘境，重新开始做自己喜欢的事，并想要突破原本的自己。

就像我开始说的，很庆幸有机会继续唱歌。我喜欢音乐，能从中体会到很多快乐。之后能筹备巡演，也得益于那几首“不成熟”的歌。

每个人的经历都不可复制，自己收获的这份，尤其宝贵。

后来我发现原来明星都有这样的困扰。只是当时年纪小，无法真正坦然。而且，大起大落没什么不好，只要熬过去，总会有新收获。

7WJB050

7WJB050
6ZGG660

7WJB050

CROSS
ON
WALK
SIGNAL
ONLY
ACH MART

CROSS
ON
WALK

03 爱和梦想

把每次幸运当成机会去努力

真正实现梦想是怎样的心情?
对我而言，它有些复杂，有欣喜，有激动，有感恩。
我并不知道未来究竟会如何，但此时此刻，
所能做的就是把握机会，
哪怕披星戴月，哪怕辛苦奔波，只要能让努力得来的一切值得。

《光之影》中写过一段话：“没有人生来就带着光，你看到的那些光，是他无数个日夜磨炼自己的释放。他足够幸运，幸运到难以置信，却也坚韧到不可思议。”我很喜欢这句话。可能自己没做到完全的坚韧，但确实挺幸运。这一路走来，很感谢那些遇到的人和事。

2016年的演唱会对我来说意义非常大，最开始的那场演唱会，不太像演唱会，确切地说是签唱会。北京，一个小时演出时间，一个小时签售时间。我曾有舞台经验，但初次独自登上那么大的舞台还是觉得紧张。在做了很多准备后，大家发现可以完成一场正式的演唱会了，就着手调整。

我从没有想过在海外会有那么多人喜欢自己。到韩国首尔那天，我在仁川机场收获了一个大惊喜。刚走出机场自动门，就隐约听到许多人喊我名字。一开始并没有在意，真正看到那么多人的一刻，我疑惑地转身看了一眼，以为有韩国明星跟我乘坐同一班飞机。毕竟，对看到的景象有点难以置信。一楼站着很多人，二楼也围了很多人。

我非常感谢他们，原本想着一个中国歌手在国外开演唱会，会不会没有人关注。但他们的出现，让我紧张的心情得到了缓解。我认真地打招呼、挥手、鞠躬，有那么一瞬真的很想大声说出浮现在脑海的话：谢谢，谢谢你们。

在首尔站，我们邀请了嘉宾，准备了其他曲目，把它当成一个非常重要的演唱会在准备。而转到泰国后，因为天气很热，所以冷气特别足，我没到多久就感冒了。苦中作乐的一点是，每到一个地方跟工作人员说能不能把冷气开小一点、能不能准备一杯热水的时候，对方都会很吃惊，表情很好玩。他们眼睛睁得大大的，特别可爱。

上台前，我在心里对自己说，不要紧张，不要紧张，尽可能让自己跟平常一样。等我上了台，看到那么多挥舞着荧光棒给我加油的人，情绪一下子被点燃了。大概人真的会因为不想辜负那些支持自己的人而生出力量吧，那一刻，我得到了这股力量，不再觉得不安，也忘却了紧张，整个人开始投入地表演。

再后来，筹备最后一场演唱会时，我回到了自己梦开始的地方，内心又生出一丝忐忑。上海对我的意义太大了，我生于此，长于此，有很多回忆。第一次彩排时，我表现得特别不好，第一首歌就跑调、破音了，现场还吐槽自己“伤心到变形”，其实，内心真的很崩溃。但慢慢调整，找回状态，总会好起来。最后，演唱会顺利完成的同时，我也有了很大进步。

很感谢那些追随着我，一场一场举着牌子加油的人。有人说，我成了他生活中的一部分，其实，他们何尝不是我生活中的一部分呢？我记性并不好，但见过的人会有印象。这些粉丝中，有人接机、送机、等我排练，我再见到他们的时候，会有印象。记得我有次排练到凌晨，还有人站在室外跟我说辛苦了。其实，我自己并不辛苦，更是心疼她们。

回顾这两年，我感觉最大的收获就是有了很多支持自己的人。一想到他们，我就会要求自己努力一些，多进步，让大家看得到自己的成长，如果这件事情我能做到一百分，那我一定会以两百分的目标来要求自己。

这大概是因为我心里清楚，能得到大家喜欢是机遇和运气，剩下的实力要靠浓缩的努力补上。原本的运气给了我机会，但如果不抓住，那幸运只能是幸运，变不成机会。

我希望自己可以做到，不然，他们凭什么喜欢我，而我又凭什么坦然接受这份喜欢呢？

TOW-AWAY
NO PARKING
ANY TIME

REAL
LIES

Speedway
1800 S
E WAY
TOW-AWAY
NO PARKING
ANY TIME

ONE WAY
TOW-AWAY
NO PARKING
ANY TIME
ONE WAY
1800 S
TOW-AWAY
NO PARKING
ANY TIME

Supreme
REAL

ONE
WAY

REAL LIES

REAL EYES
REAL LIES

NO SMOKING
ANYWHERE IN
PARK

04 当下和未来

那堂缺失的英语课，我后来补上了

时间的可爱之处在于，只要我们愿意，何时开始都不算晚。
对一个愿意主动学习的人尤其如此，不要怕晚，不要感觉自己失去了先机，更不要认为毕业后就再也不需要新知识了。
我很认真地告诉你，如果可以，绝不要停止进步的脚步。

到底多少人以过来人的姿态对我说过“学无止境”这个词呢?

我记不清，只记得当时听完心想自己绝不要成为这样的人，讲一些道理和经验，惹人不快。但后来，我发现，生活就是一个这样循环往复的过程。我们从经历的大海中捡拾一些遗落的珍珠，赠予那些我们认为值得交付的人。

我好像极少鼓励别人学习某种课程，但英语除外。

可能因为我成为艺人后，需要经常使用英语，让我了解到了它的重要性，所以觉得有条件的话都应该注重培养自己的英语口语能力。英语是打开世界大门的钥匙，比如旅行时去了国外，但无法流畅沟通，仅从翻译的文字和其他渠道了解这个国家的历史、文化和习俗的话，终归会隔着一层东西。

另外，不管是英文歌曲还是好莱坞电影，都需要标准的英文发音。我想法挺简单的，就是唱英文歌时发音标准，这也是一种专业素养。而且，这个时代的艺人，都需要拥有更大的格局，需要不断往外走，不必局限于在中国发展，可以放眼世界。

小时候抱着轻松的心态学英语，当时小学换过教材，一会儿学牛津版，一会儿用剑桥版，换来换去也挺影响积极性的。大学里，同班同学的英语水平都半斤八两，也没觉得英文不好有什么问题。

当我现在进入了一个需要说英语的环境时，才察觉自己欠缺的东西太多了，又后悔当时没能认真一些。这一点总要长大后才能明白。

后来，我请了一个老师，时刻督促学习。学英语需要环境，口音的事得慢慢纠正。如果有机会的话，我觉得还是要多去那些以英语为母语的国家走一走，大胆地跟当地人交流，多说几次，多遭遇几次“驴唇不对马嘴”的对话，当我们敢说了，也就会说了。

工作很忙的时候，无法跟着老师学习，我就找一些喜欢的新闻视频看，比如很喜欢的一档汽车节目《Top Gear》（疯狂汽车秀），看的时候遇到不认识的单词，就主动查一查，了解意思后记下来。

不管是学习英语，还是学习其他东西，我总是在“撞了南墙”后，才开始觉醒，或许正是这种性格让我认识到重要性后，比一开始自发学习更卖力吧。毕竟，不逼自己一把，我根本不会使出全力。

VERSUS

1

4
3
2
1

4
3
2

4
3
F
LosAngeles

4
3
F

Los Angel

04 当下和未来

40%的感性和60%的理性

长大后的生活被分成好几个部分，像一块块拼图，由时间切割成不规则的形状。
我拿着它们，慢慢向前走，按照一定的顺序，拼出完整的样子。
它完美吗？
大概不完美，但幸好都是我喜欢的。

关于作曲

跟很多人想象中不同，我妈才是见证我创作第二张专辑里三首曲子的人。

我不会为了作曲而作曲，一般是晚上空闲了，拿着吉他自然而然地弹一弹。她坐在旁边的沙发上玩手机，听到不错的地方，会停下来对我说："哎，还挺好听的。"

我妈对我创作这件事，喜欢发表意见。她全程参与整首歌制作过程，从我写歌、编曲，到听后面的小样，再到粗糙版和成品，都会讲一些自己的感受和看法。

我爸有时也会装作很懂的样子评论两句，说这个怎么样，那个怎么样。但我妈会立刻反驳他："你都没听过，知道什么呀！"然后两个人会吵着吵着笑起来。

在创作第二张专辑时，我心里想得很清楚，就是要做得比第一张专辑好。我希望把专业性的内容体现出来，让更多人看到自己的实力。只有进步，才能证明，那就努力发挥自己所拥有的一切，展示出来，用作品说话。

我觉得作曲是一件很快乐的事。可以说，它是在表达我内心的情绪，像桥梁吧，让我通向更广阔的世界，也将其他人对它的感受反馈给我。在我的心底，这是我的另一种存在形式。

关于做事

其实，我性格里有保守的一面。虽然会勇敢地尝试一些新鲜事物，但绝不会是第一个吃螃蟹的人。但我觉得这样挺好的。一个成年人要对自己的行为负责，慎重一些不失稳妥。所以，我常在确认别人做后，查看反应，衡量过后再去尝试。

冲动和热血是一时的，而真正能做成事情的人，需要深思熟虑。

另外，我挺想要自由的，或者说大家都想要自由。不管做什么事情，一旦有人把控、约束我，就会觉得特别难受。当然，我也会理性一些，配合所有人的工作。

没有人能完全脱离别人存在，可能生活让我明白了很多道理，也慢慢从一个不成熟的孩子变成了大人。

关于中二病

我小时候喜欢看动漫，追过《火影忍者》《海贼王》《死神》《猎人》。比较中二的时期，会模仿其中喜欢的人物。曾经追捧过《火影》里的佐助，他是里面长得最帅的人物。当时年纪小，很想留他那种发型——长发遮住半边脸，看起来很酷。

但因为还在念初中，老师和家长都不让我留长发。几乎是稍长一点，就立刻要求剪短。一直等到我读高中，才悄悄染过发也留过比较出格的阴阳头。爸妈会念叨几句"那么难看，一边有一边没有"，可我当时却觉得酷极了，一般都会用"帅啊"这样的解释来说服父母。

等到大学时期，我还扎过一段时间的辫子。表演班弄得夸张一些，老师也不会多说什么。但到最后还是觉得剪短发比较好，干干净净，很利索。

可是不经历的话，我怎么会知道呢？

关于读书和电影

我平时也会读一些书，大部分是关于音乐的乐理书，还有一些是粉丝知道我喜欢猫而送我的关于猫咪的书。另外就是一些推理悬疑类的小说，比如东野圭吾的《白夜行》《解忧杂货店》。我不太会读生涩的书，总选些好读又好玩的来读，才觉得能读下去。睡前也会看汽车和腕表类的手机 APP。

我最喜欢的演员是河正宇，他演的戏基本都看过，比如《黄海》《追击者》《恐怖直播》等。他的表演方式是真真正正的感受派，非常的出色。他饰演的地痞流氓，从走姿到神态都很真实，就如同那个环境中走出来的某个人。

这样的演员才能称之为好演员。有些不够成熟的演员演一部戏，等看他第二部戏时，会把他在前一部作品中的印象带入到这部中，这不是真正的好演员，说明修炼得还不够。

真正的好演员就是演什么像什么，河正宇是我学习的榜样。

关于车

我从小就喜欢车，它占据着我人生中很大的一个位置。可能男孩子都这样吧。

我幼儿园时喜欢那种玩具模型，上小学后流行遥控四驱车，等到读初中接触了玩具房车，能漂移，可以用来比赛。那种对车的热爱并没有随着年龄的增长而减弱。

20 岁时，我考了驾照。

21 岁时，买了人生中第一辆车。当时赚了一些钱，给家人送过礼物后，我决定奖励一下自己。因为一直喜欢车啊，在能够承担的范围内，买了一辆不是那么贵的。买完车后银行卡里几乎没有什么钱了，但我提车前几天还非常兴奋，大概是一种愿望达成的欣喜。其实不是没有考虑过是否应该把钱存起来，但赚钱不就是为了开心嘛，在能力范围内，给到自己想要的生活、想要的东西，那种满足感比赚到钱的瞬间还快乐。

一个人不能陷于欲望，而应该重视快乐。认真工作时我能感受到快乐，开车时也能，而且开车能够方便带父母出行。不过每次跟我爸他们出门，都是我爸开车，他也喜欢开着车，听着音乐，跟家人出行的感觉。

就我而言，开车是一种放松方式，它跟弹吉他、唱歌、打鼓一样，是爱好和兴趣。

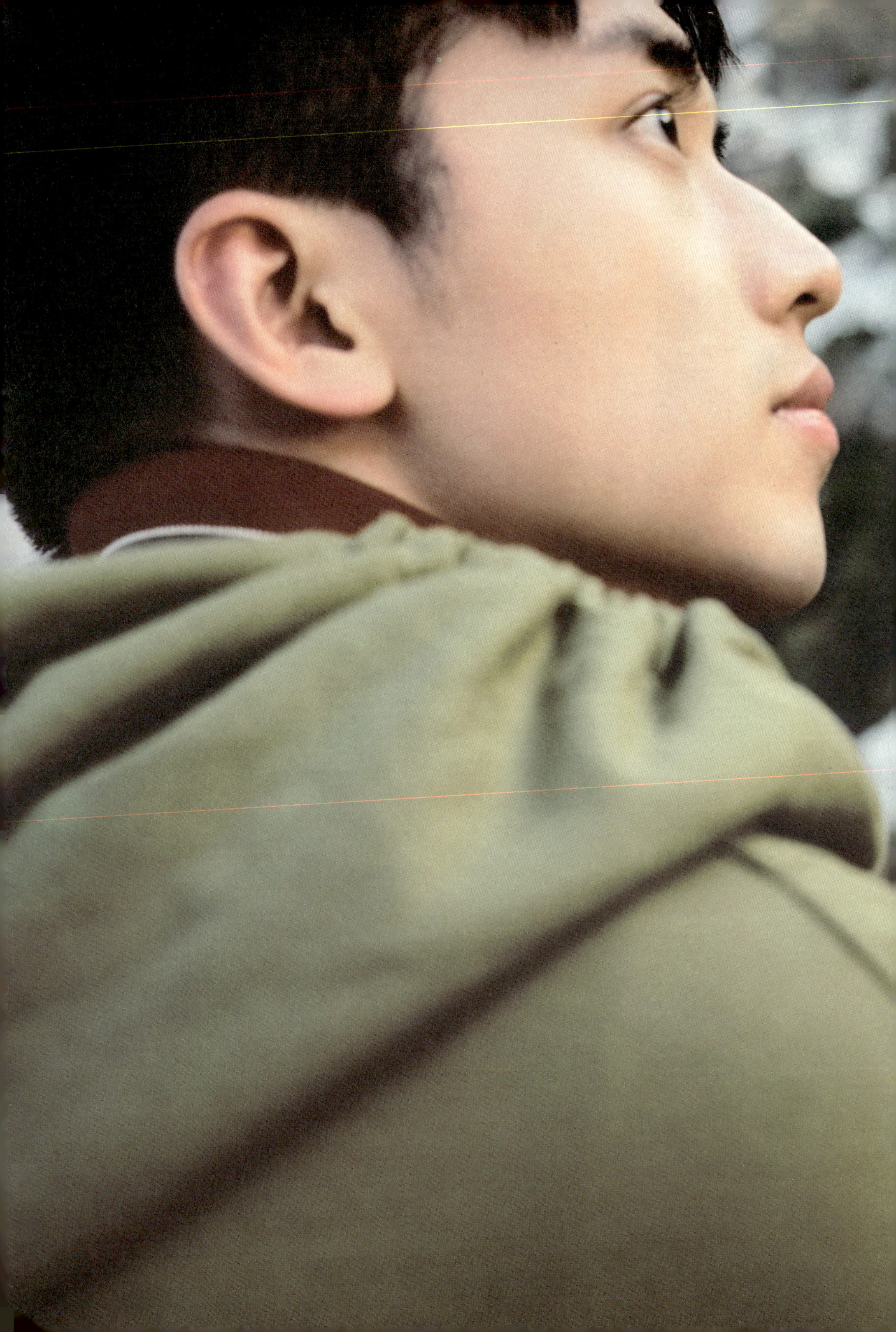

04 当下和未来

写给23岁的自己

一天 24 个小时，我用 6 个小时休息，剩下的 18 个小时都在工作和学习。
一年 365 天，我用 300 多天忙碌，剩下的时间用来陪伴家人和调整自己。
一生有许多年，这许多年里，我都在奔跑、燃烧、野蛮生长。

生日每年都有，但在我们家过起来特别简单，就是一家人坐在一起吃碗面。生日过了就过了，也没有送礼物的习惯。所以，过生日对我来说，就是又长大了一岁而已，并没有什么特别的仪式感。

回忆一下自己人生的前 20 年，感觉过得非常缓慢，像是拉长的胶片，充满了时光的味道。而出道后的时间，明明不到两年，却一下子加速起来。我如同换了人生交通工具，从晃悠悠的自行车变成了时速 120 迈的跑车，一切都非常快，每天都在经历不同的事情。见了很多人，知道了很多东西，感受了很多情绪，也懂了许多道理。似乎在这个过程中成长了很多。

第一个成长是心态上变得平和与淡然。

做艺人或明星，跟普通人还是有区别的，最明显的就是要面临网络暴力。当时的我内心并不强大，从一个普通大学生到成为接受大众舆论的公众人物，我做了很长时间的心理建设。

刚开始，我觉得有人关注是一件很有意思的事，也希望有人点赞、评论，而且粉丝们真的挺关心我的，有时候连我自己都忘记的活动，他们也会记得、会鼓励我，还挺新鲜的。

但也有很多躲在键盘背后口无遮拦的人，他们以为自己不用承担法律责任，所以随意发一些歪曲事实的话。总觉得这些人很疯狂，像是一只只逃入网络世界的困兽，随意撕咬一些人，看别人遍体鳞伤，自己端坐键盘后，似乎就能感到快乐。

其实，如果一个人单纯讨厌我，我可以接受，因为这世界上有人喜欢你，就有人讨厌你。但最令人厌烦的是那些专门抹黑别人的小号，它们戴着有色眼镜，不管你说什么、做什么，都会觉得无法接受。有人蓄意搞破坏，找一切能把我拉下水的机会，不管是真是假，只要嗅到苗头，就随便发一些误导大众的信息，当时的我想得太简单了，以为找机会证明自己并不是那样就足够了，但是舆论并不会放过任何有话题的时刻。

我不理解他们胡说八道的原因，也不理解为什么有那么多人相信。其中有一些粉丝会在我的微博评论区留言，说："原来你是这样的人。"

我是哪样的人？

那一刻突然有些醒悟，他们的喜欢和关注都是一时的。

哪怕别人泼了我一身黑水，也只能用时间冲淡，慢慢就会有人知道，我不是那种人。在这之前，没有更好的解决办法，因为说什么都不对。

"成名"本身是一件好事，只是会带来很多附加的东西。人人都爱鲜花、掌声，但这种状态要是不能长久，对当事人来说，得到后的失去更难以忍受。我想见过太阳的人，如果此生都必须生活于黑暗中，会比从未见过太阳的人更痛苦。

我对这段经历挺感激的。见过了现实的残酷，也懂得了人心复杂。我开始摆正自己的工作心态，得就是得，失就是失，只要看淡了一切并没有那么难。或许，就是因为这些事情真正过去了，我才能心平气和地把它们写下来。如果我自己都还没有走出来，根本无法把这些写出来。

年轻时经历一些糟糕的事，并不那么坏。它会锻炼人的承受能力。一个人如果太过脆弱，无法承受任何意外的撞击，那很容易在遇到一些事情的时候，消沉、颓废、一蹶不振。

任何人做任何事都需要良好的心态，我经历的网络暴力可能只是冰山一角。那种时候的无助是，不论你说什么都有可能是错的。不喜欢你、不信任你的人，他们绝不会倾听你所说的任何一句话；而喜欢你、信任你的人，就算你不作声也会理解你、懂得你。这真的并非人力所能改变的现实，所触及的是更深层次的人性问题。

23 岁，是一个有意思的起点，我收起了过去的傻气，变成一个更明朗、通透的人。

第二个成长是思考问题时的角度和深度都有了提高。

跟同龄人相比，我觉得自己并不比他们成熟。大家思考问题的角度不同，看待事情的方式也不一样。只是我经历了一些他们生活中不太能接触到的事，才多了一些遇事时的镇定自若。

大家都在不同的路上奔跑，都要加油。

我曾私下想过，如果自己还是那个普通的 23 岁青年，大概在过着怎样的生活呢？

或许就像之前说的，做一份普通的工作吧。

记得我读大学时，因为看到身边很多同学都开始自食其力而变得着急，很想自己也能赚学费、生活费，减轻爸妈的负担。当时找了一些兼职，做模特、礼仪，但这种工作并不稳定，还是需要一份稳定些的工作。大概是觉得空少这个职业，工资高，工作内容轻松，所以还萌生过去航空公司面试的念头。

后来，我还尝试过卖衣服，又确认了自己不适合做生意。再后来，我才想明白，我最擅长什么，音乐占据了我大部分的生活，专业学习的是表演，那就做演员或歌手，好好磨炼自己，学好基本功，做长时间的积累。

现在想想，会觉得当时考虑的东西很浅。但好在有过这些思考的过程，让我有机会试错、确认，最终找到适合自己的方向。

所以，我很感谢自己前面 20 年的努力，哪怕是一些看起来并未有所进步和改变的阶段，我也心存感激。

毕竟，每个人的困惑分不同的阶段，过去的我困惑于以后要做什么，现在的我已经知道了。而这个阶段的我，更缺少的是时间。

之前接演了两部戏，给了我一些经验上的积累，接下来的这一年，我希望能够接一部优秀的作品，自己能挑得起大梁，演一部被人认可的电视剧。

年龄的增长，会带给我一些危机感，催促我更加努力。这对我来说，是一件好事。

而且，我会比 22 岁之前，看问题变得深刻一些了。

比如，整个大环境还是以物质、利益为导向的，有些势利和偏差。但走着走着，慢慢发现了一些有自己想法的人。他们以物质为基础，逐渐支撑起自己想做的事，并且做得很好。看过他们的经历，我更加认可“不能过分天真，也不能过分现实”，还是要找到一个平衡点。一个过分天真的人会看不到真实，他即便拥有好想法，很多情况下也不一定能实现。比如，他想去旅行，想见识外面更广阔的世界，可最起码要有积蓄，要能照顾好自己。而过分现实的人则看不到梦想，他花了太多心思在钻营逐利上，不见得能真正脚踏实地朝前奔走，抵达遥远的金色梦乡。

人应该有自己的追求，但赚一些钱，做一些事，并不可耻。

这个标准很简单，就是让家人、自己和朋友都过得舒服，同时，满足自己做想做的事情的需求，就是最好的状态。

可能真正算起来，我会有三件想要实现的事，第一件是想清楚，第二件是看明白，第三件是真懂得。

毫不客气地说，做到这些真的有点难，许多人终其一生，都不见得能真正做到。

但这不妨碍我去追寻，慢慢来，先了解自己，再了解世界。

这就是我，一个还在成长的真实的许魏洲。

鸣谢：leica 徕卡,Balenciaga,Skechers,Wooyoungmi,Gucci,Puma Fenty,Versus Versace,Louis Vuitton,Lacoste,Converse,Fendi,Versace,Christian Louboutin,Bottega Veneta,Coach,Stella McCartney,Cerruti 1881,Givenchy,Valentino

图书在版编目（CIP）数据

这就是许魏洲 / 许魏洲著. -- 杭州 : 浙江文艺出版社, 2018.10

ISBN 978-7-5339-5387-4

Ⅰ. ①这… Ⅱ. ①许… Ⅲ. ①许魏洲 – 生平事迹 – 摄影集 Ⅳ. ①K825.78-64

中国版本图书馆CIP数据核字(2018)第203849号

这就是许魏洲

许魏洲 著

责任编辑 瞿昌林

特约策划 吴 迪 沈十六

封面设计 PLATINUM DESIGN©

出版发行 浙江文艺出版社

地　　址 杭州市体育场路347号 邮编 310006

网　　址 www.zjwycbs.cn

经　　销 浙江省新华书店集团有限公司

印　　刷 北京盛通印刷股份有限公司

开　　本 700mm × 980mm 1/16

字　　数 50千字

印　　张 15

版　　次 2018年10月第1版 2018年10月第1次印刷

书　　号 ISBN 978-7-5339-5387-4

定　　价 88.00元